Ie

2669

Vie

2669

L'ECHO
DV TEMPS.
TOVCHANT LES DIVERS
changements de la fortune
de Mazarin.

A PARIS,

M. DC. LII.

L'ECHO DV TEMPS, TOVCHANT
les diuers changements de la fortune
de Mazarin.

ECho fille des airs, de qui la voix est l'ame,
Et dont le seul organe est sein d'vn rocher,
Si ma voix maintenant a dequoy te toucher,
Rend ta froideur propice à l'ardeur qui m'enflame.

Tu reproduis nos sons, lors que moins on y pense,
Et rends sans y penser des oracles diuers,
Donc de tous les climats qu'embrasse l'Vniuers,
Lequel est maintenant le plus dans la souffrance.
　　　　　　　　　　Echo. France.

Echo parlons vn peu plus bas,
Ouy, toute la France est en guerre :
Mais d'où viennent en cette terre,
Tous ces prodigieux debats ?
　　　　Echo. De bas.

Tu mets mon esprit bien en peine,
Dy moy donc qui nous fait ce mal,

　　　　　　　　　　　　A ij

Si c'est l'eminent Cardinal,
Ou nostre grande Souueraine?
       Echo. Reyne.

Non non, elle a trop de bonté,
Mais sa passion l'embarasse :
Quel suiet si plein de menasse
La choque en cette aduersité?
      Echo. Cité.

Donc quelle ville si hardie
Ose si fort la desseruir?
Ou plustost que veut-on rauir
Au cher objet de son enuie?
      Echo. Vie.

C'est ce qui choque ses esprits :
Mais declare moy quelle ville,
Dans cette pourfuitte inutile,
Menasse cét autre Paris?
      Echo. Paris.

Dy ce qui l'a mis en estime
Depuis qu'il regne parmy nous,
Et que ce Maistre des filoux
De toutes leurs rufes s'escrime?
      Echo. Crime.

Les Dieux, où les demons amis
             Rendent

Rendent à ses vœux tout facile,
Mais quel fut-il dans la Sicile,
Auant tous ces crimes commis?
  Echo. Commis.

Commis, & cét affreuse éponge
S'abreuue icy de noſtre ſang
Pour qui paſſe dans ce haut rang
Son heur figuré ſans menſonge,
  Echo. Songe.

Il eſt vray que dans ſon pouuoir
De nos menaſſes il ſe moque,
Que viole-t'il, quand il choque
Les grands, qu'il luy fâche de voir?
  Echo. Deuoir.

Ce perfide a vrayment l'audace
De tout confondre pour regner,
Qui le fait ſi fort dedaigner,
Lors que plus il nous embarraſſe,
  Echo. Race.

O Ciel, peut-il eſtre ſi vain
Eſtant d'vne race ſi vile,
Mais qu'elle eſt contre luy, la bile
Du crieur & de l'Eſcriuain,
  Cry vain.

Nos suppofts ne font rien qui vaille
De ne l'abattre tout à fait?
Mais qui le fouftien en effet,
Pour en venir à la bataille :

        Taille.

Hé quoy France encor tu confens
Qu'il impofe cette contrainte,
Et quoy Pechent cent donc la crainte,
Luy prefente or auec encens?

        En fens.

Tous nos difcours font inutiles,
Enuers eux, qui n'en peuuent plus,
Ce font des efprits abbatus,
Et des ames vrayment feruiles.

        Viles.

O fuiet d'vn iufte courroux,
De voir que ce coquin nous braue:
Mais qui font ceux que cét efclaue,
Veut deuant luy voir à genoux?

        Nous.

Mais fi le Ciel que l'on reclame
Exauçoit nos vœux auiourd'huy,
Que faudroit-il perdre auec celuy,
Que la France traitte d'infame?

        Femme.

Sauuez-là d'vn malheur si grand
Cieux, & dissipez leurs pratiques;
Quel est-il dans ses faits iniques,
L'argent de la France attirant?
                    Tyran.

Il a cent Athletes robustes,
Dont le fer luy sert de rempart:
Mais qu'est-ce qu'aux siens il depart
Dans ses entreprises iniustes?
                    Iustes.

Il a cent yeux tousiours veillants,
Il tient mesmes l'enfer à gages:
Mais qui sont ces grands personnages,
A sa ruine trauaillants.
                    Vaillants.

Si quelque fruit de leur vaillance
Nous deuons receuoir vn iour,
Qui nous prouuera leur amour;
Et fera pancher la balance?
                    Lance.

Ils seroient lors dans le deuoir?
Mais d'y moy quel fruit de leurs armes,
Ceux qui nous causent tant d'alarmes,
Esperent vn iour receuoir?
                    Se voir.

Ha ! fuſt enfin cet autre Antoine
Et ſa Cleopatre en argos,
Ou dans la Sicile en repos,
A cultiuer ſon Patrimoine.
⟨⟨Moine.

Fuſt-elle auſſi dans vn Conuent,
A faire ſes vertus reluire,
Qui nous doit dans le port conduire,
Parmy ce trouble deceuant ?
⟨⟨Ce vent.

Que ce vent ſeroit ſouhaittable,
Mais enfin aurons-nous la Paix ?
Quels ſont les bruits qu'on en a faits,
Dans noſtre malheur ineffable ?
⟨⟨Fable.

Donc touſiours en vain de faux bruits
Nous feront eſperer des palmes,
Penſe en quoy nos iours les plus calmes,
Seront changez par ces ennuis ?
⟨⟨En nuits.

Hé quoy, touſiours le bruit des armes
Et des rauages en tous lieux !
Mais lors que verſeront nos yeux,
Parmy ces funeſtes alarmes ?
⟨⟨Larmes.

Si

Si noftre fort ne peut changer
François, enfin ceffons de viure :
Mais dy moy quel deftin doit fuiure
Ceux qui nous viendront vendanger ?
　　　　　　　　　　Danger.

Du moins ta voix icy nous monftre
Qu'ils auront vn fort inhumain,
Faut-il aller à fainct Germain,
Pour les vaincre dans ce rencontre ?
　　　　　　　　　　Contre.

Def-jà tous nos Guerriers font prefts
D'en fuiure hardiment la route,
Dy, fi le Tyran qu'on redoute,
Doit voir diffiper fes apprefts ?
　　　　　　　　　　Aprés.

Sus declare moy fes complices ?
Et me dis quels motifs puiffants,
Luy font prefenter de l'encens,
Par ceux qui vantent fes feruices ?
　　　　　　　　　　Vices.

Voudront-ils, s'il quitte le dé
Participer à fon dommage ?
Mais quel Prince meift-il en cage,
En ayant efté fecondé ?
　　　　　　　　　　Condé.

C

Condé qui sauüa de naufrâge
Sa barque en vn temps perilleux,
Dans l'horreur de ces tristes lieux,
Que témoignoit ce grand courage?
            Rage.

Condé sorty de cét enfer,
Choque enfin le party contraire,
Quel paraist ce grand aduersaire,
Au dessein de les estouffer?
            Tout fer.

Ces mots sont de mauuais presage
Pour qui suit Iules auiourd'huy,
Quel donc estimes tu celuy,
Qui ne veut franchir ce passage?
            Sage.

Condé, fait voir que tout de bon
Il trahiroit mesmes son frere,
Qui protege ce temeraire,
Digne d'aller à Mont-faulcon?
            Faulcon.

Sçache que son appuy chancele
Puisque l'amante est sans credit,
Que designe ton quand on dit,
Que le faul-con en a dans laisle à
            Elle.

Mais elle n'est pas sans support
Puisqu'vn grand Mareschal l'assiste,
Mais que dit on qui nous resiste,
Quand le peuple est sans reconfort?
        Confort.

Cét animal sur tout fulmine,
De voir qu'on choque son Romain,
Quel estimes tu leur dessein,
Quand contre nous on s'achemine?
        Mine.

Bien tost auec ses arcboutans,
On verra choir cét edifice,
Que pretend gagner leur milice,
Auec tous ses fiers combattants?
        Temps.

On ne deuroit plus rien attendre,
Puisque Iules fait tout perir,
Mais si son sang nous peut guerir,
Ne faut-il pas enfin l'epandre?
        Le pendre.

Sans tant languir & tant süer,
C'est le chemin qu'il faudroit suiure,
Sinon pour l'empêcher de viure,
Que faudroit-il effectüer?
        Tüer.

Il faut pour remplir noftre attente
Paffer à cette extremité :
Mais du Parlement irrité,
Qu'elle eft l'humeur plus violente?

              Lente.

Sa langueur loin de nous ayder,
Semble accroiftre noftre mifere :
Mais enfin que faudra-t'il faire,
S'il ne le peut depoffeder ?

              Ceder.

Ceder, c'eft tomber dans vn gouffre
De maux, qu'on ne peut conceuoir,
Que verra-t'on fur nous plouuoir,
Si Iuges dauantage on fouffre ?

              Souffre.

Il eft vray qu'à ne rien celer,
Les hommes que fon climat porte
En vfent d'vne eftrange forte,
Et veulent ainfi haut voler ?

              Voler.

Sa volerie eft effroyable :
Mais qui doit l'emporter vn iour,
S'il rend par fon funefte amour,
Noftre mal irremediable ?

              Diable.

Et s'il est pris subtilement
Et traité sans misericorde,
Que dira-t'on voyant la corde,
Succeder à son examen?
               Amen.

Et s'il voit ses forces debiles
Pour resister à nôstre effort,
Que fera ce Ministre accort,
Auec ses Partisans agiles?
               Giles.

Et s'il sent vn mortel effroy
Tombant du faiste au precipice,
Qui punira son iniustice,
Et le doit mettre en desarroy?
               Roy.

Mais si le Roy tousiours conspire
Au dessein de le retenir;
Echo, dy quel à l'auenir,
Sera le sort de cét Empire?
               Pire.

Si chacun faisoit ce qu'il doit,
Il deuiendroit nostre victime:
Mais le Ciel punira son crime,
Par celuy mesmes qu'il deçoit?
               Soit.

Ainſi la France heureuſe auſſi bien que vangée,
Verra le ſiecle d'or renaiſtre d'vn de fer,
Vn Paradis ſortir des gouffres d'vn enfer,
Et de tous à la fois, la fortune changée.

Vienne ce grand reuers, & ce iour ſouhaitté,
Qui nous rendra le calme aprés tant de tempeſtes,
Perdre vn chef ſi maudit, pour ſauuer tant de teſtes,
Eſt pour vn Souuerain, vn acte de bonté.

Grand Roy, voſtre ſecours toute la France implore,
Pour perdre l'Ennemy qui vous tient ſous la loy ;
Le deſtruire eſt pour vous commencer d'eſtre Roy,
Et rendre à la vertu, l'obiet qu'il deshonore.

Accordant à nos vœux ce ſouuerain bonheur,
Vous rendrez à la fois, la Paix à vos Prouinces,
Le luſtre à voſtre Eſtat, le repos à vos Princes,
Et comblerez vos iours, & de gloire, & d'honneur.

Songez pour vous ſauuer d'vn Tuteur & d'vn Maiſtre,
Ce que feiſt voſtre Pere, en vn aage pareil,
De ce Royal inſtnc ſuiuez l'heureux Conſeil,
Et monſtrez de quel Sang, le Ciel vous a fait naiſtre.

Il y va de la vie, & du ſalut de tous,
Recouurez vos threſors, en preſſant cette éponge,
Plongez-le dans l'abyſme, où ſa rigueur nous plonge,
Et le percez des traits, qu'il forma contre nous.

Cette Echo de la France est l'ame & le genie,
Qui vous dit nostre honte en termes ambigus,
Faites enfin creuer les yeux à ses argus :
Et nous affranchissez de cette Tyrannie.

Le crime qu'il commet est vrayement infiny
Dans ce qu'il entreprend, qu'il medite & qu'il ose,
Pour empescher l'effet, destruises donc la cause ;
Nous serons satisfaits, vous vangé, luy puny.

FIN.